講話CD付き

大善をなす勇気

稲盛和夫

INAMORI KAZUO

サンマーク出版

大善をなす勇気

目次

経営者に必要なのは「嫌われる勇気」

ときに非情と思われる「大善」をなせ

起業家精神と社員への接し方

生き方の神髄8

装丁・造本　菊地信義＋水戸部功
本文ＤＴＰ　山中 央
編集協力　京セラ株式会社　稲盛ライブラリー
京セラコミュニケーションシステム株式会社
株式会社鷗来堂
編集　斎藤竜哉（サンマーク出版）

本書は、一九九二年十二月十四日に行われた「盛和塾忘年塾長例会」での講話をCDに収録し、その内容を書籍にまとめたものです。講演会場にて録音された音源のため、一部お聞き苦しい箇所がある場合がございます。どうかご了承ください。

書籍は収録した講話を文章にしたものですが、読みやすくするために、一部表現を変えるなど編集を加えてあります。

大善をなす勇気

経営者に必要なのは「嫌われる勇気」

厳しいときこそ真の勇気が求められる

いつも「不況に対してつける薬はありません。いいときにこそ努力をしておかなければならない」と言っています。

いちばん大事なことは、収益率、営業利益率、もしくは経常利益率です。いつも私はみなさんに、「あなたの会社は売上げがいくらですか、利益率はいくらですか」と聞くのです。損益分岐点が高い、つまり経常利益にしても営業利益にしても、ほんの数パーセント、二、三パーセントしか利益が出ていないというのは利益のうちに入らないのです、ということをしょっちゅう申し上げています。

しかし、実際には経営は、二、三パーセントの利益を出すだけでもなかなか大変で、二、三パーセントでも出ればいいほうだ、というのが普通だと思います。けれど、そういう限界的な利益を出している企業ですと、この不況のときにはもうひとたまりもないくらいに弱いわけです。

ですからどうしても、前から言っているように、人はそんなべらぼうなと言うかもしれませんが、最低でも七、八パーセントの利益は出さなければいけない。

できれば一〇パーセントをめどに、一〇パーセントを超えるぐらいの利益を出さなければいけないと、私は思っています。

そういうことは、不況のときには実はできないわけで、かねてからそういうことをしておかなければ、売上げが落ちるとたちまち赤字転落というようになってしまいます。しかし、その備えをしていなかった企業が大半だろうと思います。

そうしますと、売上げが減少してくると当然赤字が出てくるわけですから、そこで徹底的な合理化をしなければなりません。ただし、日本の場合は人件費を削るわけにはいかないので、その他の経費ということになってしまわざるを得ない。

この機会に、恥も外聞も要りませんから、経費を削減することです。これは、好況のときにはやはり収益があったりするので、なかなかできません。

不況で、みんな苦しいというときですと、恥も外聞もなく経費を削ることができますから、いま、経費を削って採算分岐点を落とす。これは背に腹は代えられず、赤字転落をしているからせざるを得ません。

そして、次に景気が回復してくるときに、経費を増やさないことです。もうあの切るときの苦しみを考えれば、イージーには増やせないというわけです。

増やすときにはかんたんに増やせるわけです。切るのがたいへんむずかしいので、そのむずかしい苦しみを経たから、今度はかんたんには経費は増やさない。

だから、景気がよくなってくれれば売上げが増えるけれども、絶対に経費の増加は認めない。そういう強い姿勢で、損益分岐点を下げるという作業を、どうしてもしなければならないと、このように思います。

こういうことを言えば、なるほどなとみなさんお考えなのですが、なかなかそれが実行できません。

それはなぜかというと、みなさんの会社でもそうだと思いますが、人の嫌がることというのはなかなか言えないのです。

いま、日本の国が行き詰まっているのは、人の嫌がることが言えなくなってしまった社会だからです。

いま、何が要るかというと、勇気です。勇気、真の勇気のある人がいないのです。

経営者はときに〝人でなし〟になれ

私はいま、みなさんに「いま不況なので、損益分岐点が高くて赤字転落をするところもあるでしょうが、いまですよ。恥も外聞も要りません、経費を減らしましょう」と言ったのです。

経費を減らすのでも、会社のなかで経費を減らすとなれば、必ず〝人でなし〟なのです。従業員から、社員から憎まれなければできはしないのです。

経費を大幅に減らす、または社内で改革をするときには、みんなから「いままでうちの社長はいい社長だと思っていたけれども、何とえげつない」と言われることをしなければならないわけです。その勇気がありますか。勇気がないものだから、中途半端でしか合理化もできないのです。

ことほどさように、そういう厳しい、つまり〝人でなし〟なことを言わなければならないし、させなければならない。その勇気が、リーダーには要ります。

「この機会に経費を減らしなさい。そして今度よくなったときに、経費を増やしてはいけません」と言いました。つまり経費を下げるということは、たいへん〝人でなし〟なことを言わなければならないし、みんなに強要しなければなりません。

そんな苦労をするぐらいなら、経費が増えていくときに増やさないようにする。その結果、損益分岐点はぐっと落ちて収益性がよくなります。それは、いいときにつくっておかなければいけないわけです。

総スカンを食っても「正しさ」を貫けるか

私が京都に出てきて就職をして、まだ一介のサラリーマンだった頃のことです。名前だけは主任という肩書をもらっていましたが、それは正式に会社の組織上、主任という制度があったのではなく、私がバカみたいに働くので、「おまえは主任や」と言われたわけです。主任だと言われれば、なお調子に乗って責任を感じてがんばるものですから、そういう名前をつけてもらったのです。

その折、会社は赤字経営でうまくいかず、会社のなかには退廃ムードが充満していました。組合がたいへん強くて、ことあるごとに管理職の連中に盾突く。それが従業員のなかでも勇気がありそうにみえるという状態でした。

ですから、会社の経営者並びに管理職の人たちの権威は、もう地に墜《お》ちてしまい、組合ないし従業員におべんちゃらを言っている人が大半で、誰も会社の責任をもっていませんでした。

これは笑い事ですが、そこの経営は実際には、婿養子の専務さんが実権をもっていなければならなかったのですが、その人はゴルフが好きで、しょっちゅうお客さん接待と称して行っている。

それも昭和三十年、三十一年、まだ戦後十年しか経《た》っていないときに、何とシングルプレーヤーで、大学時代も関西の大学の野球部のピッチャーでなかなか鳴らしたという人で、ゴルフをやらせてもシングルプレーヤーでうまいのです。

お客さん接待と称して、ゴルフにお客さんを連れて行き、お客さんを負かして、お客さんからお金を取るものだから、注文が来るどころか注文が逃げていくというようなことがありました。

そういう経営者だったので、誰も経営責任をもっていない。組合とか従業員に本当の道を説く人なんて誰もいないという会社でした。

そのときに、不景気で赤字なのですが、二時間ぐらいの残業を毎日みんなやっている。仕事がなくても、だらだらと仕事をしている。

それを見るに見かねて、本当は会社の人事が言わなければならないことかもしれませんが、私は「残業禁止」と言ったのです。そうすると私の職場から大反対が起こりました。けしからんというのです。

ちょうど私が研究したものの試作品が、だんだんうまくいき始めていましたので、

「いまにこの品物を成功させて、きっとみなさんがもうイヤだと言うほど残業してもらいますから、その代わり、いまは定時間で仕事をすませて帰っていただきたい。

なぜなら、みなさんがだらだらと残業をされたのでは、私がいま研究しているこの試作品は、コストが高くつきます。これをコストを安く作ることによって、

会社は利益が出るのです。

利益が出れば、今度はよけい作ればさらに儲《もう》かっていきます。とにかくだらだらと人件費をかけるわけにはいきません。みんな帰っていただきたい」

と言ったのですが、職場のなかで総スカンを食いました。それどころではなく、その人たちが組合に提訴しました。

組合の幹部がたちまち私のところに来て、

「おまえは何者だ。おまえは管理職でも何でもないはずだ。勝手に主任などと言って、主任なんてうちの会社の組織にはない。おまえ、平社員じゃないか。

おまえは平社員で、去年大学を出て入ってきたばかりではないか。おまえが使っているのは、もう十年も二十年もうちの会社に勤めている人たちだ。

五百人いる従業員のなかで、おまえの職場というのは二十人しかいない。五百人いる会社全体が、二時間残業して何にも言われないのに、何でおまえのところの二十人だけが残業させられないのだ」

と言って、えらく組合から怒られました。それでも私が「残業はさせない」と言ったものですから、もう大問題になりました。

それでけっきょく、組合主催の人民裁判ということで、会社の庭にやぐらを組んで、そこに乗せられ、みんなから糾弾を受けるという目に遭いました。そして追い出されることになっていったのです。

鉄壁の決意をもって〝垂直登攀〟する

そういう苦労をしているとき、寮に私よりも五年ぐらい先輩の人がいました。その人に、何で自分がこんなことをしなければならないのかと言って、悩みを打ち明けました。

するとその人曰《いわ》く、

「おまえは何をしているのか。世の中というのはもっと妥協して、みんなのご機嫌をとったりしてうまくいく。それが人生なのであって、おまえみたいに、誰もが好かんことを言う――。おまえが言っていることは、会社のなかの全部が、みんながおかしいと言っているではないか。

そんなことをして、それで自分がしんどい思いばかりして、その悩みを打ち明けている。誰も正しいと言っていないではないか。

おまえは田舎《いなか》から出てきて、世慣れていないからそんなバカげたことを言っているのであって、もっと世慣れた生き方をしなきゃダメだよ」

と懇々と諭されました。

しかし、いくら諭されても納得がいきません。

「違う。オレが言うのが正しい。たとえ社員みんなに総スカンを食っても、オレが言うことは正しい」

と、私にしてみれば、どうしても思えるのです。

そのときに私は、結婚はまだしていませんでしたけれども、将来、嫁さんにもらう人は、こういうことがわかってくれる人であってほしいと思いました。

これだけみんな総スカンで反対なのだけれど、どうしてもオレの言うのは正しいはずだ。自分で変える気はないし、妥協をする気もない。

それを、「おまえはバカだ」と言われるので、たぶん、オレは登山でいえば、垂直登攀《とうはん》をしていく男なのだな。

人間、生まれてきて、それぞれ人生の目的をもつだろう。たとえばあの山に登りたい、あの頂上を極めたいと思う。それをある人は、麓のほうから迂回《うかい》しながら、ゆっくりゆっくり傾斜をとって、少しずつ登っていく。

私みたいに、まっすぐあの山に登りたいと思って絶壁をまっすぐ登ろうとするバカもいるだろう。本当に垂直の岩壁なのに、そこをまっすぐ登ろうとしている。私が登りたいところを登ると言うものだから、ついてきた人はみんなおじけづいてしまって、やめたと言っていなくなってしまったとする。そんな無謀な、壁みたいな岩を垂直登攀で登っていくなんて危険極まりないと、みんなやめてしまった。

ではどうするかというと、先輩は「おまえ、ちょっとは妥協せよ、迂回せよ」と、こう言っていた。

私は考えてみました。ああ、そうなんだな、偉い先輩がそう教えてくれるのだから、みんなそうするのだろうな。

それで、最初のうちはまっすぐ登れないので、オレは迂回して登っていくんだと思っているけれども、その辺をぐるぐるやっているうちに、もうどっちが上か下かわからなくなってしまっている。同じところをぐるぐる回っているのに、オレは登っているつもりだった。それで年がいって、やがて棺桶《かんおけ》に足を突っ込む前になって、よく見たら、まだ半分も来ていない。

来ていないけれども、そのときに自分を慰めて、「オレはやったんだ、ここまでやったんだ」と言って、半分自分を慰めて死ぬのだろうな。

つまり、志を立てて、あの頂に登ろうと思って行くのだけれど、垂直登攀という激しい生きざまはあまりにもすごいので、妥協をしながら、世間の抵抗を少なくしながら、ゆっくりゆっくり登っていこうとする。

そのうちに安易に堕し、易《やす》きにつきて、頂に登ることを忘れてしまう。人間というのは、易きにつきやすいわけです。目的、最初の志を忘れてしまい、お茶を濁して人生を終わる。

そして死ぬ前になって、何とかもっともらしく、「いや、ここまではオレは努力したんだ」と言って、自分で自分を認めようとする。そんなふうに、オレみたいな凡人は、必ず易きにつくはずだ。それほど根性があるわけでもなければ、強い人間でもない。

だから、オレはかんたんに堕落するはずだ。堕落しないという意味からも、オレは垂直登攀をする。そのほうがまだ潔い、もう逃げられないのだから。

ところが、あまりにも直角に登っていくものだから、足場もない。ではそういう岩場の経験でもあるかというと、何にもない。ピッケルもハーケンも、何も持っていない。

地下足袋《じかたび》にパッチを穿《は》いたお兄ちゃんが、ただガリガリと登っていこうとするのだから、登れるわけがない。それをずっこけながらでも登っていくと、みんないなくなってしまった、誰もついてこなくなってしまった。

そんなときに、「せめて私だけは尻を押すわ」という嫁さんをもらおうと思ったのです。将来、嫁さんにもらうのは、みんな総スカンで逃げていっても、「私だけは尻を押すわ。私も登れないかもしれない。登れないけれども、私だけは尻を押すわ」と言ってくれる人で、そういう人が一人いさえすれば、オレは登れるはずだと思いました。

つまり垂直登攀というのは勇気が要ります。それがなければ改革はできないのです。

いまの政治改革にしても、行政改革にしても、世直しにしても、また会社の社風を変えたり、経費を減らすということにしても、必ず人の嫌いなことをやらなければなりません。

人がついてこられないぐらい、みんなから総スカンを食うぐらいのことをやらなければならない。それは、勇気が要るのです。

私はそれを、まだ管理職でも何でもないときに考え、そしていまみんながわかってくれなくてもいい、わかってくれるまで、今後一生まっしぐらに、逃げ場がないように自分を追い込んで垂直登攀をしていこうと思い、今日の京セラ、今日の第二電電（現ＫＤＤＩ）をつくっていったのです。

ときに非情と思われる「大善」をなせ

トップには、温情と非情の〝両極端〟が必要

同時に、そういう〝人でなし〟なことをやらなければならないわけです。

ただ、いいわ、いいわと言うのでは、会社はけっしてうまくいきません。だから、たまにはやさしい情愛に満ちた社長であると同時に、すさまじい厳しさを兼ね備えた人でなければ、どんな小さいところでも社長など務まりはしません。

私はそれを、「同一人が両極端の考え方を併せもち、そしてそれを同時に正常に機能させる能力をもった人でなければいけません」と言っています。

つまり、両極端の性格を同一の人がもち、それを正常に機能させられる能力が要るのです。ただやさしいばかりの社長では経営になりませんし、厳しい一方の人では誰もついてきません。

その両方が綾織《あやお》りのように出てくる人でなければ、経営者なんてできはしません。

みなさんもこの盛和塾に入っておわかりだと思いますが、私のベースというのは、いつも善を説いているわけです。

みなさんもそれに惹《ひ》かれて来ておられる。ひじょうに人間らしい、やさしい、いい生き方をしなければいけませんよと、私は説いていますから、それにみなさん賛同しておられるはずです。

そういう人が、今度のこの不況で赤字転落しそうだというので、「経費を減らせ」と言って、鬼のようになってやりだす。

すると、「いつもやさしかったあの社長とは違うではないか。二重人格みたいなものではないか。この前までは盛和塾に入って、善だの何だのと言っていて、とたんに今度は『経費を減らせ』と言って、もう鬼みたいだ」と言われる。

それをやらなければならないわけです。先ほどの垂直登攀と一緒です。

そういうことを言われるのがイヤなものですから、耐えられないものですから、勇気が出てこない。だから、そこでお茶を濁すわけです。コンプロマイズ（妥協）しだすわけです。

いまの社会は、政治の社会でも、行政でも、もうあらゆるものが全部妥協です。会社のなかも全部妥協。だから、みなさんと役員との間も妥協です。おべんちゃらです。真実は一つも語られていません。

こんなことを言えば社長が怒るからと、社長が喜びそうなことしか言っていない。社長自身も、こんなことを言ったら嫌われはしないだろうかと思うから、役員にすらも厳しいことを言っていない。それが普通になっているわけです。

いつもいいことを言っているつもりだったのに、今度は本当にすさまじい剣幕で「経費を減らせ」と迫らなければならない。

私は先ほど、みんなから総スカンを食ったと言いましたが、総スカンを食えば、普通はそこで自信を失って挫折するわけです。

そして今度は世間ずれし、大人びてきて、妥協というものを知り出す。人間、卑怯《ひきょう》になり、うまく世渡りをするようになってくる。これがもう堕落のもとです。

私は、敵は幾千万ありとても、我一人敵に向かうという気概を垂直登攀ということに置き換えて、自分を鼓舞していったのです。

いまみたいに、いい人だ、いい社長だと言われていたのに、突然そういうふうに変身して、何て〝人でなし〟だと言われることが耐えられない。「うちの社長は二重人格ではなかろうか。インチキだったんだな、いままでの話は。我々をうまく使おうと思ってああいうことを言っただけで、根はこすっからい男だったんだな」と思われるのがイヤだから言えない。

そうじゃないのです。善を説き、人のやさしさを説き、人の喜びが自分の喜びに、人の悲しみが自分の悲しみに感じられるような男でなければ、経営者でなければいけませんよと言ったことと、私が言うようないまの厳しさとは一緒なのであって、全然違うものではないのだということなのです。

大善は非情に似たり、小善は大悪に似たり

それは何かというと、仏教でいう「小善は大悪に似たり、大善は非情に似たり」ということです。

ええわ、ええわと言って、猫なで声で従業員をかわいがるという小善は、いまにみんなを甘やかし、経費を増大させ、不況にひとたまりもないぐらい脆弱《ぜいじやく》な企業体質をつくっていく。

人は好《よ》かったかもしれないが、会社をつぶして、五十人、百人の従業員を路頭に迷わせたのでは、たしかに人が好いという小善はしたかもしれませんが、大悪をなしたことになります。そうではなく、

「オレはそういう小善はしない。ええわ、ええわと言

うわけにはいかないのだ。大善は非情に似ているのだ、厳しいのだ。

獅子《しし》は我が子を千尋《せんじん》の谷に突き落とすという。かわいい子には旅をさせよという。あのかわいい子を旅に出して、何と厳しい、何と非情な親よと、みんなには思われる。

だけど、実はそれが子供の成長には大きく役立つ大善なのだ」

と思わなければなりません。いま言っているのは、そういう厳しい生きざまをしていく方便を教えてあげているのです。そういうことを知らなければ、自信がぐらつくわけです。

オレがいまやっているこの厳しさは、大善をなしているのだ。凡人からみたら非情にみえるかもしれないが、これは大きな善なのだと、そう思えば、ひるまないわけです。

垂直登攀と「大善は非情に似たり、小善は大悪に似たり」。これをうまく使って、ぜひこの苦しい不況のなかを生き抜いていただきたい。

そういう、ずばっと本音でものが言える状態、妥協せず本音でものが言える状態をつくらなければ、改革などできはしません。

だから、古い法律を変えるということでも、誰に聞いても、そんな古い時代にできた法律がいまのこの時代に合うはずがありません、廃止すべきですと、みんな言うはずです。

言うはずですが、それを廃止すれば路頭に迷う人がものすごく出る。そういう〝人でなし〟なことはできないというだけでもって、つまり人に嫌われることをしたくないものですから、改革が進んでいないのが日本なのです。

これは、会社のなかでもそうです。社長が従業員に嫌われなかったら、誰が嫌われますか。管理職の連中はみんな、従業員からよく思われたいという者ばかりです。

経営している、株式を持っている経営者が嫌われなくて、誰が嫌われるのですか。

とはいえ嫌われっぱなしでは誰もついてきませんから、根底的にはみんなから信頼され、慕われる社長でなければなりません。けれども、たまには厳しい、嫌われるようなことも言います。嫌われんがために言うのではありません。

それは、オレは大善をなそうとしているのだ、オレは垂直登攀をしたいのだ。なぜかというと、オレは自分自身が怠け心があって、垂直登攀から逃げていけば必ず堕落するだろう。

自分が堕落するということは何かというと、従業員を養っていけなくなってしまう。だから、オレは自分を鍛える意味でも垂直登攀をしたいということです。

それで、「みんなを路頭に迷わさないためにも、私はみなさんに厳しいことを言います。ただ人が好いだけで会社をつぶして全員を路頭に迷わす、そういう悲惨な目には遭わせません。私はみんなを救うために、あなたには厳しいことを言います。それを大善というのです」と。

その二つを使って、この不景気を乗り切っていただきたいと思います。

冷たく突き放すことが必要な場面もある

前にも言ったかもしれませんが、私がアメリカのうちの会社の幹部を集めて、いつも盛和塾のみなさんにしている話をしたのです。

チームセミナーといって、一時間ほど私が講演し、それをもとにディスカッションをするというかたちです。アメリカの幹部にあまり話をしたことがないものですから、とくに盛和塾のみなさんにするような話はしたことがありませんので、そういう話をしたのです。MIT出身、プリンストン大学出身、ハーバード大学出身、それからスタンフォード大学出身などそれぞれそうそうたるアメリカの幹部に、盛和塾でするような京セラフィロソフィの話をしたのです。

そしてみんなで議論をしました。たとえばいかにも彼らが嫌いそうな、「お金のためだけに働くのではありません」というようなことを言うと、「アメリカ人はお金のために働くのであって、お金のために働いてはいけないと言われたのでは、たまったものじゃありません」という反論などもいろいろありました。

議論をしているうちに、けっきょくみんなが、「よくわかりました。すべての会社が、会長が説かれる京セラフィロソフィをベースにして、我々の経営方針にしましょう、経営理念にしましょう」という結論になった。

ところが、何と私の直系のサンディエゴにいる事業部長、クレサンベールとかソーラーの商品事業本部の長をやっている男――彼はうちの会社にもう十五年ぐらい勤務しているのですが――が手を挙げて、「異論があります」と言うのです。

最近買収して合併した会社の幹部を説得するだけでも大変なのに、十五年もいる男が、「異論があります」と言う。「おまえ何や」と言うと、

「質問があります。いま一時間ほど会長の話を聞き、

そしてみんなと議論をし、いろんな反論があり、それをまた会長が受けて説明された。みんな納得してわかったと言うけれども、私はそうは思わない。

今朝からずっと話を聞いていると、あなたのお話は、あたかもキリスト教の宣教師の話みたいで、一点の非の打ちどころもありません。文句の言いようがありません。みんな納得させられて、わかりましたとなってしまう。

だけど、私はそうは思わない。だいたいあなたは『人にやさしく』と言っているけれども、あなた自身がやさしくないではないか。

忘れもしません、四年前に、京セラフェルドミューレの社長をやっているラッシュフォードがたいへん苦労して赤字会社を経営し、苦労して苦労してやってきて、やっと黒字にした。その年に、意気揚々と京都の（京セラグループ）国際経営会議に来て、それをあなたに発表したら、あなたに『そんなものが利益のうちに入るか』と言って怒られた。

彼は本当に苦労して赤字をやっと黒字にしたのに、もうがっくりして、それを聞いた我々も、何と冷たい男よと思った」

毎年、国際経営会議の最終日の夜は、この鶴清（料亭）で必ず、宴会場が満席になるほど、みんなですき焼きパーティーをやるわけです。

「すき焼きパーティーのとき、ラッシュフォードが落胆しているのに、あなたはにこにこして、みんなと挨《あい》撈《さっ》してすき焼きを食べている。私はあまりにもひどいと思ったので、あなたのところに行って『ラッシュフォードがかわいそうではないか』と言ったら、『ああ、そうやな』と言って、あなたはノコノコとラッシュフォードのところに行って肩をたたき、『オイ、がんばれよ』と言って帰っていった。

彼がどのくらいつらい目に遭ったか、あなたは知らないでしょう。ああいう冷たい仕打ちをして、何が愛だ、何が調和だ」

と、やられたのです。そして「あなたは覚えているか」と。

そうしたら、いままでみんな納得しましたと言っていた話が、そこでガラッと崩れるわけです。だいたい会社でもアジるには、それがいちばんいいのです。みんなに、「そうだ、そうだ、社長が言うとおりだ、言うとおりだ」と言わせておいて、最後でちょっとひねったら、もうストンといくわけです、いままでの話が全部ウソになってしまいますから。

そのときに、「覚えていますか」と聞くので、「おまえが言うとおりだ。よく覚えている」と言って、この大善は非情に似たりの話をしたのです。

「おまえはキリスト教圏だけれども、キリスト教のなかにもこれに似た言葉があるはずだ。仏教に『大善は非情に似たり、小善は大悪に似たり』という言葉がある。

もし、わずかばかりのあの利益で、よかったな、よかったなと言ったら、恐らくラッシュフォードは有頂天になっていただろう。いまでもちょぼちょぼしか儲からず、私から怒られている男なのですから」

だいたい儲からない事業というのは、赤字のときはものすごく赤字が出て、黒字が出たときはちょっとしか出ないのです。ボロ事業というのは全部そのパターンです。

いい事業は儲かるときにものすごく儲かって、不況のときでも赤字はちょっとしか出ない。ボロ事業はいつもごつい赤字が出て、儲かるときはちょっとしか儲からないのです。

だからどう考えたって、どう引っ張ってみたって、どうせ収支が合わない。累積でいっても合わない。そういう経営をしているのに、なぜほめられるかということです。

そのチームセミナーにはラッシュフォードもいましたし、国際経営会議でのやりとりがあってから何年かあとで、彼の事業もよくなってきていたので、

「そうだろう。あのときにオレが冷たいことを言って、おまえは大変だっただろうけれども、オレはあえて言ったのだ。だから、おまえのところはいま、よくなってきているではないか」

と言ったことがあります。

起業家精神と社員への接し方

古い体制が崩れるとき、新しい芽が生まれる

——続いて質疑応答です。まず問いの一つ目は、「関西には過去さまざまな事業が生まれてきたが、二十一世紀へ向けて、新しい事業を起こす起業家精神とはどのようなものか」というご質問です。

江戸時代を含めて、大阪・堺《さかい》や、その辺の商人の町では活発な事業が次から次へと生まれてきました。そ

れは綿々と江戸時代もずっと続き、今日までできたわけですが、最近の関西はそういうダイナミズムを失いつつあるのではないかといわれます。

しかし、やはり伝統的に関西にはそれがあったのだから、社会秩序が崩壊していくなかで、新しい秩序の芽生え、予兆が、関西にあるのではないかと思います。

私は、この盛和塾を私が始めたように、まさに松下村塾《しようかそんじゆく》ではありませんが、崩壊していく社会体制のなかで新しい芽生え、若くアントレプレナーシップ（起業家精神）旺盛な人たちを育成していく運動が、忽然《こつぜん》と起こってきているのも偶然ではないのかもしれないと思うのです。

そのように私が思うのも、たしかＮＨＫのテレビ番組を見ていたのですが、アメリカのオレゴンからカリフォルニア、またネバダ、コロラド、テキサス、あの辺一帯の広大な森林で、山火事がよく起こっているのです。新聞や雑誌にもよく載っているので、ご存じだと思います。

実際にアメリカでしょっちゅう仕事をしていますと、飛行機から、猛烈な山火事が起こっているのが一万メートルの上空から見えることがあります。

そのテレビ番組のなかで、ロッキー山脈でものすごい山火事が起こっていたときに、アメリカの国立公園管理事務所の職員の人たちが、「いや、放っておけばいいのです。最近では山火事が起こっても放っておくのです」と言っていました。

昔はよく州兵まで動員して、ヘリコプターから消火剤を撒《ま》いたりしていたが、ああいうことをするとかえってまずいので、自然に任すのだと。

「山火事が自然に発生する。つまり、雷によって引き起こされたり、風で枯れ木と枯れ木がすり合わされて、そこから火が発生したりして自然に起こってくる山火事というのは、それでいいのです。燃えるものは燃えればいいいのです」ということで、一回の山火事で焼失する森林の面積というのはものすごいものですが、放っておく。それを、ＮＨＫが追いかけて取材をしていました。

アメリカでも、国立公園の管理事務所がそういうことをやっているのについては批判的な方々がいて、自然破壊を放置するのはけしからんという非難もありました。

しかし、真っ黒に焼けたなかで、一か月も経たないうちに新緑の芽が出てくる。そして、わずか五年の間に山が全部グリーンになって、森林が復活していく様が映っていました。つまり森林の再生、これはもうダイナミックですばらしいものがあるのです。

私はそういうものを見て、世界的にも日本的にも既存の社会体制が崩壊していくなかで、実はもうすでに大きく新しい息吹《いぶき》というか、芽生えがあるのだと思ったのです。

自由な発想の〝野蛮人〟が革命を起こす

では、そういう新しい事業を起こしていく旺盛な起業家精神はどうすれば出てくるのかというと、ここからがみなさんの仕事に関係するのです。

みなさんはもともと事業をやっておられますが、そのなかで新しい事業も展開しなければならない。いまの事業のままでは行き詰まるかもしれない。

新しい事業を展開していける人というのは、自主独立の精神をもった人、言葉を換えると〝自由人〟なのです。自由な発想ができる人、かつ、明るくて行動力があり、実行力のある人です。

古い社会体制が壊れる、古い経済社会が壊れる。そのなかで、二十一世紀初頭に新しい産業を引っ提げて芽生えてくる人たち、現在もう芽生えつつある人たちは、既得権益の上にあぐらをかいたような人ではなく、自主独立の精神に燃え、自由を謳歌《おうか》し、自由奔放な発想ができる人たちです。そうでなければ、新しい業は起こせないのではないかと思います。

そして、同時に明るくて行動力のある人たちですから、当然独創的な人たち。模倣、まねを忌み嫌う人たち。ルールとかしきたりというものにとらわれない人たち。反骨的で、アウトサイダー的で、もっというとアウトロー的な人たちです。

もっと言葉を換えると、私は、無頼性《ぶらいせい》がある人たちと言っています。無頼というのは無頼漢の無頼です。

無頼性という言葉は、頼らない、反権力、反骨精神、そういうものの旺盛な人たち。そういうところから出てくるアイデアが、実は創業型なのです。それがベンチャービジネス型なのです。

ベンチャービジネスというのは、いろんな規制や法律を全部調べてから創業するところを、そういうものはくそくらえというぐらいのものがなければできません。しかし、そんなものはくそくらえと言ってやっていると、法律違反を起こして、えらいことになってしまいます。

だから法律違反を犯せというのではありませんが、法律違反を犯すぐらいの自由さがなければ、業なんて起こせない。ベンチャー企業なんて、やれやしないのです。

そういう精神を関西の企業の人たちが、また若い人たちが現在も今後ももち得るだろうか。もち得るとすれば、私は、もう一度関西の復興というのはあるかもしれないと思います。

実は、そういうベンチャーというのは、野蛮な人たちでなければやれないのです。本当の野蛮人かというと、そうではなく、知的野蛮人、バーバリズムです。

こういう例があります。中国文明をひもとくと、漢民族がすばらしい文明をつくり上げるのですが、当時、辺境の地であったいまでいうモンゴル、蒙古《もうこ》が攻めてくるわけです。

つまり漢民族が中国のなかにたいへん高度な文明を

築くのですが、つねに北のほうの匈奴《きょうど》、つまり野蛮人をひじょうに警戒し、ものすごい万里の長城を造って野蛮人に襲われるのを防いだ。しかしけっきょく、モンゴルの遊牧民に征服されて、元の時代を迎える。

元は当時、元寇《げんこう》といわれるように、日本まで攻めてくるわけです。一方では、チンギス・ハンによってヨーロッパまで席捲《せっけん》していくのです。

日本でもそうです。鎌倉時代でも戦国時代でも、京の都に武将が、鎌倉幕府の北条《ほうじょう》でも、京の都に上がってきて、京の文化に浸り、京の女に接すると、たちまちダメになってしまいます。

つまり、田舎の辺境の地にあったときにはたくましくてたいへん強いのですが、京に上がってきて、京の文明、文化に触れると、たちまちダメになってしまう、堕落してしまう。

京にほどよく近いところでは、革命的なことは起こらないわけです。相当離れていなければならない。京の文化に毒されていないところなのです。

明治維新でも、薩長《さっちょう》がやったというのはまさにそれで、京の文化に毒されていない。しかしそこには、知的バーバリズムというか、高度な知的集積があるのです。

たとえば長州なら吉田松陰の松下村塾がありますし、また薩摩には西郷（隆盛）、大久保（利通）を育成していく加治屋町一帯に、すばらしい漢学、蘭学《らんがく》を教える先生がおられて、知的な点ではたいへん刺激的なところだったといいます。

そうすると、関西に二十一世紀のベンチャービジネス、新しい社会を構成していく芽生えがあってほしい。たしかにいろんな制約条件もありましょう。激しい競争があり、その競争も本当の自由ではなくて、ある制約条件下における競争でしょう。

しかしそのなかで誰にも頼らず、歯を食いしばって創意工夫を生かしながら、反骨精神とバーバリズム、野蛮性を発揮してがんばっていただきたい。

それには、何くそという起業家精神、誰にも負けるかと、頼る者は誰もいない、自分しかいない。それで自分を信じて精いっぱい生きていくたくましさ、型破りというものが必要なだけに、下手《へた》をすると、そのままだと野人ですから、必ずルール違反を犯す、必ず何か問題を起こすことになります。そして、事業としてではなく、別の面から失脚させられてしまうでしょう。だから私は、この盛和塾をつくったときに「心を高める、経営を伸ばす」――つまり経営を伸ばしたいなら心を高めるのですよ、人間をつくるのですよと言ったのです。

人間をつくるといっても、丸くつんつるてんのお利口さんをつくろうという意味ではありません。ダイナミックな、起業家としてすばらしい力、野性味をもった人間をつくりたいがゆえに、人間ができていなければいけない、心が高まっていかなければならないということを教えていきたいと思っているわけです。

思想と理念が正しければ、去る者には去ってもらえ

——問いの二つ目は、「以前、不況期に備える経営ということで、経費最小、売上げ最大で、経常利益率二〇パーセントにもっていくという話があり、今期それを達成することができた。その際、体質を転換していくなかで、方針についていけない社員が出てきた。このような社員にはどう対処したらよいか」というご質問です。

私は、経営の安定という面からみても、二〇パーセントぐらいの利益が出るような経営をしなさいよ、と言ったのですが、出たらそれをどうするのかという問

題です。出たから、ただ分配すればいいというものではありません。

企業はゴーイング・コンサーンですから、永遠でなければなりません。そのためには、短期も中長期も含めて、会社にリザーブも要りますし、また分配も要ります。

それに対する哲学がはっきりしなければならないと思います。「私はこうします」ということを、はっきりと明確に従業員に訴えなければなりません。

私の場合、企業経営をしてすばらしい会社、つまり高収益の会社にしていくのは、私のためではなくて、私を含めたみんなのためだと言って、それは事実、ここに来ていらっしゃる方々もそうですけど、私は上場前から従業員たちに株を持ってもらいました。株の比率はいろいろありますが、オーナーと従業員ではなく、パートナーというかたちです。

つまり、収益が上がれば、いくら分配し、いくら内部留保に回していくか。内部留保に回すことは、株主の取りぶんになります。その株主の比率をどうもっていくかという問題になるわけです。株主には会社の所有権があるので、内部留保したものは、長期に株主のものになりますから。

その辺を私は明確にしていったので、みんながついてきてくれました。

しかし、いまのお話で、二〇パーセントの利益が出て、それがオーナー、つまり経営者だけのものだとしますと、守銭奴のようになって労働強化につながり、みんなをがんばらせて儲かって、一将功成りて万骨枯るということになると、誰もついてこないでしょうが、利益が出たものをどうするかという問題さえはっきりさせておけばいいと思います。

しかし、いまおっしゃったのは、たぶんそういう話ではなく、何もそんなにしてまで生きなくてもいいではないかというようなことで、意見が合わない人なのではないかと思うのです。

「私は、たった一回しかない人生をすばらしく燃焼して生きたい。充実した人生を送っていきたい」と思っている。で、得たものをどう分配するかが問題だということではないでしょうか。

ですからおっしゃったように、根本的なあなたの思想、つまり二〇パーセントの経常利益を出すという思想の根本に過ちがなければ、「私はもっと楽な仕事がしたい、もっと気楽にのんびり生きたい」という人には辞めてもらうしかないと思います。

ベクトルや経営理念がはっきりしてくると、必ずそれに合わない人が出てきます。本当は、そういう人には辞めていってもらうほうがいいのです。ところが、みんなああなあですませている。それがかえって会社の力を弱めているケースがひじょうに多いのです。

問題は、辞めていった人の意見が正しくて、あなたの意見がおかしかったら、たとえ二〇パーセントの経常利益が出ても、あなたの会社はおかしくなります。

ただし、辞めていった人の意見をよく聞いて、よく考えて反省してみて、私がいま言ったように、けっしてあなたのエゴや経営者のエゴや、貪欲さではないということがはっきりすれば、私は辞めていく人がいることはかまわないと思います。また、企業というのはみんながいられるというものではないはずです。

創業してきた二人が、ともにエゴでいくと、企業経営をパートナーでやった場合、うまくいかなくて別れるのです。会社がうまくいかなかったら、責任のなすり合いになるわけです。

うまくいったらいったで別れるのです。うまくいくと上場し、株に値打ちが出ます。そうするとお金持ちになります。みんなエゴで仕事をしているものですから、バカみたいに働くのがあほらしくなってきます。だから、必ず分解していきます。

そのときに、人間は自分が傲慢になっていますから、みえないのです。あらためてパートナーがいなくなると、一人になって孤立無援かもしれませんが、いままでの何十倍の努力をしなければいけないのだろうと思います。

生き方の神髄 8

稲盛和夫箴言集

71.

つねに正しい道を踏み、誠を尽くしていかなければならない。相手に迎合したり、「うまく世渡りできるから」といって妥協するような生き方をしてはならない。どんなにむずかしい局面に立っても、正道を貫き通す、つまり人間として正しい考え方を貫く真摯な生き方をするべきだ。

(『考え方』)

72.

経営者の勇気は蛮勇ではいけない。慎重な、よく考える人でないと経営者は務まらない。そういう人は往々にして恐がりで、勇気がないものだ。だが、そういう慎重な人が、会社のためと覚悟を決めて、修羅場をくぐり抜けていくと、本当の勇気が身につく。本物の経営者になることができる。

(『こうして会社を強くする』)

73.

「人間として何が正しいのか」と自分に問い、正しいと信じる道を貫き通す。困難なことではあると知りながらも、正道を愚直に貫く。そのような真摯な姿勢は、一時的には周囲の反発を買い、孤立を招くかもしれない。しかし、人生という長いスパンでみるならば、必ずや報われ、実りある成果をもたらしてくれる。そのことを信じて、妥協しない生き方を選ぶことが大切だ。

（『考え方』）

74.

リーダーは、愛情をもって部下に接していかなければならない。これは、けっして溺愛《できあい》するという意味ではない。「小さな愛」（小善）ではなく、「大きな愛」（大善）により部下を教育していかなくてはならない。

（『［新装版］成功への情熱』）

75.

人生や仕事におけるどんな困難な山も、安易に妥協することなく、垂直に登り続けていくことが大切だ。強い意志をもって、一歩一歩地道な努力を日々継続する人は、いくら遠い道のりであろうとも、いつか必ず人生の頂点に立つことができるに違いない。

（『働き方』）

76.

最初に到達すべき理想を描き、どんな障害があろうと、まっしぐらに進んでいく。私はこのような生き方を、よく登山になぞらえて「垂直登攀《とうはん》」という言葉で説明するが、めざす頂が明確に見えているからこそ、峻険《しゅんけん》な岩場に果敢に挑戦し、それを超えて、何があっても登ろうという気力が生まれるのだ。

（『徳と正義』）

77.

「志」や「誠」だけでは、経営はできない。しかし一方、「合理」や「論理」だけでは、人心を掌握し、集団をまとめていくことはできない。非情と温情、細心と大胆というように、両極端を同時に併せもたなければ、新たに物事をなし遂げることはできない。

（『人生と経営』）

78.

経営者は、バランスのとれた人間性をもたなければならない。つまり、慎重さと大胆さの両方が必要だ。一つの人格のなかに、相反する両極端を併せもち、局面によって正常に使い分けられるのが、バランスのとれた経営者なのだ。

（『［新装版］成功への情熱』）

79.

先入観に基づいて経営を行ってはいけない。枠にとらわれない「心の自由人」でなければ、クリエイティブな発想も、高い利益率も達成できるはずがない。

（『［新装版］成功への情熱』）

80.

本当に独創性を育てていこうとすると、人並みでない、常識はずれの発想を大切にしなければならない。つまり、異能を尊重することである。一般とは違う意見、普通とは違うものの見方を許すことが必要である。独創のすすめというものは、型にはめて画一的な成果を求めるわが国の教育制度や社会常識とはまったく異なる発想を必要とする。

（『新しい日本 新しい経営』）

出典（76.を除き、いずれも稲盛和夫著・一部改変したものがあります）

71.『考え方』104Ｐ（大和書房）
72.『こうして会社を強くする』214Ｐ（ＰＨＰ研究所）
73.『考え方』109Ｐ（大和書房）
74.『［新装版］成功への情熱』212Ｐ（ＰＨＰ研究所）
75.『働き方』130Ｐ（三笠書房）
76.『徳と正義』158、159Ｐ（中坊公平・稲盛和夫著　ＰＨＰ研究所）
77.『人生と経営』103Ｐ（致知出版社）
78.『［新装版］成功への情熱』208、209Ｐ（ＰＨＰ研究所）
79.『［新装版］成功への情熱』285Ｐ（ＰＨＰ研究所）
80.『新しい日本　新しい経営』44Ｐ（ＴＢＳブリタニカ）

稲盛和夫（いなもり・かずお）　一九三二年、鹿児島生まれ。鹿児島大学工学部卒業。五九年、京都セラミック株式会社（現・京セラ）を設立。社長、会長を経て、九七年より名誉会長。また、八四年に第二電電（現・ＫＤＤＩ）を設立、会長に就任。二〇〇一年より最高顧問。一〇年には日本航空会長に就任。代表取締役会長、名誉会長を経て、一五年より名誉顧問。一九八四年には稲盛財団を設立し、「京都賞」を創設。毎年、人類社会の進歩発展に功績のあった人々を顕彰している。著書に『生き方』『心。』『京セラフィロソフィ』（いずれも小社）、『働き方』（三笠書房）、『考え方』（大和書房）など、多数。

稲盛和夫オフィシャルホームページ
https://www.kyocera.co.jp/inamori/

大善をなす勇気

二〇二一年 三月 二十日 初版印刷
二〇二一年 四月 五日 初版発行

著 者 稲盛和夫
発行人 植木宣隆
発行所 株式会社 サンマーク出版
〒一六九－〇〇七五
東京都新宿区高田馬場二－一六－一一
（電）〇三－五二七二－三一六六
印刷 共同印刷株式会社
製本 株式会社若林製本工場

ISBN 978-4-7631-9838-9 C0030
ホームページ https://www.sunmark.co.jp

【稲盛ライブラリーのご案内】

「稲盛ライブラリー」は、稲盛和夫の人生哲学、経営哲学である京セラフィロソフィを学び、継承・普及することを目的に開設されています。稲盛の人生哲学、経営哲学をベースに、技術者、経営者としての足跡や様々な社会活動を紹介しています。

■所在地　〒612-8450 京都市伏見区竹田鳥羽殿町9番地
（京セラ本社ビル南隣り）

■開館時間　午前10時〜午後5時

■休館日　土曜・日曜・祝日および京セラ休日

■ホームページ

https://www.kyocera.co.jp/company/csr/facility/inamori-library/